Con cierto aire filosófico

Con cierto aire filosófico

Texto:
FERNANDO MARTÍNEZ LLORCA

Música:
JIMMY LÓPEZ ENCINAS

Ediciones Universidad
Salamanca

Libros Prácticos, 44

© de esta edición,
Ediciones Universidad de Salamanca

© del texto
Fernando Martínez Llorca

© de la música
Jimmy López Encinas

Ilustración de cubierta
Esther García Díaz

ISBN: 978-84-1091-057-7
Depósito legal: S 14-2025

Ediciones Universidad de Salamanca
Plaza San Benito s/n
E-37002 Salamanca (España)
www.eusal.es

Maquetación
Intergraf

Impresión y encuadernación
Safekat

Hecho en UE-Made in EU

Ediciones Universidad de Salamanca es miembro de la UNE
Unión de Editoriales Universitarias Españolas
www.une.es

Esta publicación ha sido financiada por el Máster en Profesor de Educación Secundaria
Obligatoria y Bachillerato, Formación Profesional y Enseñanzas de Idiomas
–Especialidad en Filosofía–, con la autorización de la delegada del Rector para
estudios de Postgrado y Formación Permanente de la Universidad de Salamanca

♠

CEP. Servicio de Bibliotecas

MARTÍNEZ LLORCA, Fernando, autor

Con cierto aire filosófico / del texto, Fernando Martínez Llorca ; de la música, Jimmy
López Encinas.— Salamanca : Ediciones Universidad de Salamanca, [2025]

88 páginas.—(Libros prácticos ; 44)

Acceso a música mediante códigos QR

DL S 14-2025.—ISBN 978-84-1091-057-7

1. Filosofía-Historia-Estudio y enseñanza (Bachillerato)-Ayudas audiovisuales.
I. López Encinas, Juan Carlos, compositor, cantante.

1(091):37.091.33-028.17

TABLA

IN RISU VERITAS

Piero della Francesca, geómetra y pintor, harto de placeres sensuales y medio muerto de amor... y platonismo...». Con estas palabras comienza Javier Krahe una de sus composiciones más personales, en las que la geometría sirve como excusa, un despliegue de expresiones irónicas y con doble sentido que permiten reírse de y ridiculizar (y, al mismo tiempo, dar a conocer) la pasión matemática del pintor cuatrocentista.

El humor y la filosofía han convivido largamente, aunque Umberto Eco quisiera construir un thriller empleando como fondo las tensiones entre ambas (y la religión). La ironía socrática es, al fin y al cabo, nuestra partera filosófica, como demuestra el hecho de que Sócrates, nuestro fundador feo y bajito, sacrificara un gallo al dios de la salud en el momento de su propia muerte. Tal vez lo hizo para escenificar su ideal de que el cuerpo no es más que una cárcel del alma, y, tal vez, la vida una enfermedad penitenciaria que se cura con la muerte. Es decir, nos dejó, con su ironía, una última lección.

Aunque, puestos a mencionar a los padres fundadores, Diógenes nos supera con creces. Según la leyenda, cuando fue puesto a la venta como esclavo, le preguntaron qué era lo que sabía hacer, y respondió: «Mandar. Comprueba si alguien quiere comprar un amo». Solía entrar en el teatro topándose con los que salían. Cuando le preguntaron por qué lo hacía, contestó: «Es lo mismo que trato de hacer a lo largo de toda mi vida». También se decía que sus últimas palabras fueron las siguientes: «Cuando me muera, echadme a los perros. Ya estoy acostumbrado».

Podríamos escribir tomos de versos (alejandrinos).

La sátira ha sido compañera de la filosofía en obras como *El elogio de la locura* de Erasmo o *Cándido* de Voltaire.

Incluso Kant se atreve a contar algunos chistes en su *Crítica del juicio*:

> Nos reímos y nos produce un placer cordial cuando alguien cuenta que un indio, sentado a la mesa de un inglés, abrió una botella de cerveza y vio salir toda la cerveza convertida en espuma, poniendo de manifiesto su admiración con muchas exclamaciones, y a la pregunta del inglés: «¿Qué hay aquí de admirable?», respondió: «No me maravillo de que la espuma salga, sino de cómo habéis podido meterla dentro.»
>
> O nos reímos ruidosamente cuando el heredero de un rico pariente quiere celebrar solemnemente su entierro, pero se lamenta de que nada le sale bien porque –dice– «cuanto más dinero doy a mis deudos para verlos afligidos, tanto más contentos se muestran.» [1]

Dicho sea de paso, el maestro de Königsberg nos demuestra aquí que su manejo del humor era mucho más teórico que práctico (con perdón).

En cualquier caso, y como también ilustra el sketch de los Monty Python *The Philosophers' Football Match*, es posible enseñar filosofía mediante el humor. Y de eso trata este libro que el lector o lectora tiene ahora en sus manos.

Desde la Especialidad de Filosofía del Máster de Secundaria de la USAL intentamos, dentro de nuestras limitaciones, que los futuros profesores de secundaria dispongan de herramientas variadas y elaboradas para ejercer su futura docencia. Para ello, conocer las estrategias didácticas actuales desempeñadas por nuestros compañeros de Secundaria es un paso obligado.

Esta es la razón por la cual hemos querido colaborar durante varios años con Fernando y Jimmy y su actividad *ConCierto Aire Filosófico*, y también la razón de que hayamos asumido gustosamente los costes de financiación de esta publicación.

Estamos ante una experiencia formativa y cultural que consigue llevar la filosofía a un nivel cercano y vivencial. Este proyecto ofrece a los estudiantes de Secundaria una experiencia de aprendizaje integral, en la que el rigor filosófico se une a la creatividad literaria y musical,

---

[1] Kant, I. *Crítica del discernimiento* (R. R. Aramayo & S. Mas, Trads.). Madrid: Mínimo Tránsito (pp. 302-304).

logrando una conexión entre el pensamiento profundo y el disfrute estético. Al mismo tiempo, dota a los profesores de secundaria de instrumentos didácticos de gran aplicabilidad, como muestra el enlace de la página de créditos de este libro, que conduce a una explicación sobre cómo utilizar este material para llevar a cabo una evaluación conforme al modelo basado en criterios y competencias propuesto por la actual legislación educativa.

Esperamos que esta colaboración pueda mantenerse durante muchos años más.

José Sarrión Andaluz
Profesor Permanente Laboral de la Facultad de Filosofía de la USAL
Coordinador de la Especialidad en Filosofía del MUPES

Introducción

L a idea de escribir poemas sobre la historia de la Filosofía me la sugirió mi amigo Antonio Llorente; y la de hacer canciones es de Jimmy (Juan Carlos López Encinas), compositor, guitarrista, cantante y también amigo.

La intención es aludir a algunas de las ideas más importantes de los autores que vienen entrando en el temario de selectividad y hacerlo de manera que las estrofas poéticas vayan acompañando a lo que representa cada uno de ellos.

Con el resultado elaboramos un concierto didáctico en el que hacemos una breve presentación de cada tema para que Jimmy y Laurent Lavigne los interpreten.

Gracias a la Fundación Salamanca Ciudad de Saberes y a la sección de Filosofía del Máster Universitario de Profesores de Secundaria hemos podido, primero, representarlo en la Universidad de Salamanca y, como prueba este documento, verlo imprimido.

La Universidad de Salamanca nos ha permitido incorporar algunas grabaciones acompañando el libro de textos sobre los que los alumnos han de examinarse en la EBAU.

Aquí pueden leerse las letras y algunos comentarios que sirven para aclarar dudas y animar a leer, tanto poesía como filosofía.

AGRADECIMIENTOS

Por supuesto, a Icíar y a Pilar; a Sara e Irene; a David y Gonzalo.
Personalmente, tengo también deuda en mi aprendizaje de compo-
ner versos con Mónica García y Carmen Esteban.
Y la tenemos con Esther García por los diseños de carteles. Y con
Antonio González, Patri, José Javier, Rubén, Jacobo y José por su apoyo.

Jarchas de Heráclito el oscuro

Mamma, tanto amare
Que el mundo es guerra,
Mas non luchare.

Ya sé que todo fluye,
Mamma, pero ¿por qué
mi amante huye?

El cosmos es fuego eterno.
Con meu amigo
Arderé en el averno:
Ergo non porto abrigo.

El alma seca
Es sabia y buena;
Ebria no es serena.

Mi *habibi* no puede
bañarse dos veces
en el mismo río:
La segunda hace frío.

De la filosofía más remota apenas nos han llegado algunos fragmentos. Y algo similar sucede con los testimonios más antiguos de la poesía castellana.

Esto hace que parezca que las jarchas son adecuadas para rendir tributo a Heráclito (ca. 540-480 a. C.), uno de los presocráticos más importantes. Sus textos son enigmáticos, difíciles de interpretar y obligan a la reflexión, por lo que es conocido como Heráclito «el oscuro».

Su opinión más conocida es la que dice que «todo fluye» (Πάντα ῥεῖ). Heráclito consideraba que el padre de todas las cosas era el conflicto, y que el cosmos está cambiando constantemente, como lo hacen el fuego o la guerra. Resumía su idea con el aforismo de que «nadie puede

bañarse dos veces en el mismo río», puesto que ni una sola de las gotas
que nos moje coincidirá con la de la vez anterior.

Pero leamos algunos de sus fragmentos que inspiran las jarchas
anteriores:

> La guerra es el padre y el rey de todas las cosas. (Kirk y Raven, 215)

> Todas las cosas se mueven y nada está quieto y comparando las co-
> sas existentes con la corriente de un río dice que no te podrías su-
> mergir dos veces en el mismo río. (Kirk y Raven, 218)

> Este cosmos no lo hizo ningún dios ni ningún hombre, sino que
> siempre fue, es y será fuego eterno. (Kirk y Raven 220)

> Un alma seca es muy sabia y muy buena. (Kirk y Raven, 233)

> Un hombre cuando está ebrio es conducido por un niño imberbe
> y va dando tumbos, sin saber por dónde va con su alma húmeda.
> (Kirk y Raven, 234)

Sus opiniones sobre el alma son, evidentemente, las que han condu-
cido a la humorada de oponer el estado sereno al ebrio.

En cuanto a lo de no llevar abrigo, parece una consecuencia lógica
del siguiente razonamiento: si el cosmos es fuego eterno y vamos a ar-
der en el infierno, no tiene mucho sentido llevar abrigo.

La otra fuente de inspiración de estos textos son las jarchas. Unos
cuantos versos en nuestra lengua romance que aparecían al final de
algunas composiciones árabes o hebreas. De ellas nos cuenta Margit
Frenk Alatorre:

> En 1948 el hebraísta Samuel M. Stern reveló al mundo veinte jarchas
> escritas en lengua romance, que figuraban en muwáshahas hispa-
> no-hebreas de los siglos XI a XIII: la más antigua parece ser anterior
> al año 1042. Y esas estrofas resultaron ser encantadoras cancionci-
> llas de amor puestas en boca de una muchacha: ingenuos lamentos
> de ausencia, dolorosas súplicas al amado (designado con el arabis-
> mo *habibi*), apasionadas confidencias a la madre y a las hermanas...
> (Margit Frenk Alatorre: «Introducción», *Lírica española de tipo popu-
> lar*, p. 12)

Veamos alguna.

> Garid, vos, ¡ay yermaniellas!,
> ¿Cómo' contenir el mio male?
> Sin el habib non vivreyo:
> ¿Ad ob l'irey demandare? (Jarcha núm. 4)
>> [Decidme, ay hermanitas,
>> ¿Cómo contener mi mal?
>> Sin el amado no viviré:
>> ¿Adónde iré a buscarlo?]

> ¿Qué haré, mamma?
> Meu *al-habib* est ad yana. (jarcha núm. 14)
>> [¿Qué haré, madre?
>> Mi amado está a la puerta.]

> ¿Qué fareyu, o qué ser de mibi, *habibi*?
> ¡Non te tolgas de mibi! (jarcha núm. 16)
>> [¿Qué haré o qué será de mí, amado?
>> ¡No te apartes de mí!]

En fin, ahí queda el resultado de combinar los fragmentos de Heráclito y las jarchas.

En último término, si no ha quedado claro, ha quedado oscuro.

ROMANCE DE AMOR PLATÓNICO

Quiero liberar las almas,
Guiarlas hacia las ideas
Y que puedan olvidar
Todo lo que se menea.

Sexo, droga y rock and roll
Sólo es eco en la caverna.
Rompe las cadenas y
Sube raudo la ladera

Te fatiga la ascensión,
Ciega el Sol que luce fuera,
No precisas de los ojos,
Deja de mirar y piensa:

En la cumbre luce el bien,
Al que poco se venera.
Tú recuerda a los esclavos,
Necios de brutal bajeza.

Joven noble macedonio,
Mira el esplendor de Atenas:
Yo te lego la Academia,
Si la cruel verdad aceptas:

Que esta vida sólo es sueño,
Que este mundo frío aterra,
Que destiñe y envejece,
No merece ni la pena.

Quizá Platón (427-347 a. C.) nos ayude a salir desde la oscuridad de Heráclito a la luz; al fin y al cabo, él propuso una metáfora conocidísima según la cual la educación es comparable a escapar de una caverna subterránea para conocer el deslumbrante mundo exterior.

Se nos ocurre que, si asociamos el origen de la filosofía al de la literatura española, bien podemos avanzar un poco más hacia la forma de los romances que se hicieron célebres en la Edad Media, como el del Conde Olinos, que comienza así:

> Madrugaba el Conde Olinos,
> mañanita de San Juan,
> a dar agua a su caballo,
> a las orillas del mar.
> Mientras el caballo bebe,
> canta un hermoso cantar,
> las aves que iban volando,
> se paraban a escuchar.

Este romance termina con la muerte de los amados y su transformación: primero en rosal y espinar y, posteriormente, en garza y gavilán.

Platón también creía en una vida después de la muerte. Era un dualista convencido. Había conocido las ideas pitagóricas que, procedentes de Oriente, se instauraron en Grecia y según las cuales el alma es separable del cuerpo e inmortal.

La educación consistía, según su opinión, en orientar el alma hacia el mundo de las ideas y alejarse de las tentaciones y los deseos corporales.

¿Qué es ese mundo de las ideas? ¿De dónde sale su creencia en la existencia de un tipo de seres que no podemos ver, pero que son más reales que lo que tenemos ante nuestros ojos? Lo explica así Aristóteles (384-322 a. C.), el alumno de Platón:

> Habiéndose familiarizado desde joven con Cratilo y con las opiniones de Heráclito, según las cuales todas las cosas sensibles fluyen siempre y no hay ciencia acerca de ellas, sostuvo esta doctrina también más tarde. Por otra parte, ocupándose Sócrates de los problemas morales y no de la Naturaleza en su conjunto, pero buscando en ellos lo universal, y habiendo sido el primero que aplicó el pensamiento a las definiciones, [Platón] aceptó sus enseñanzas, pero por aquel motivo pensó que esto se producía en otras cosas, y no en las sensibles; pues le parecía imposible que la definición común fuese de alguna de las cosas sensibles, al menos de las sujetas a perpetuo cambio. Este, pues, llamó a tales entes Ideas. (Aristóteles: *Metafísica* I, 6987)

Habitualmente, cuando tenemos dos profesores que opinan cosas distintas, optamos por elegir cuál se confunde o incluso si se equivocan los dos. Platón hizo exactamente todo lo contrario, lo que decía Heráclito es cierto: en el mundo que vemos todo cambia; mientras que lo que es justo es justo siempre, independientemente de lo que podamos pensar en un momento dado. Y la justicia no la reconocemos mediante la vista, sino razonando.

Así pues, hay todo un mundo de realidades estables a las que podemos acceder mediante una educación orientada a la reflexión acerca de lo correcto y lo bueno. Se trata de un mundo ideal en el que se encuentran el bien y la verdad. Una maravilla que los seres humanos podemos conocer si, en lugar de fijarnos en lo que observamos, nos dedicamos a pensar y razonar correctamente.

¿Cómo hacerlo? Volvamos a la metáfora: los esclavos que están en la caverna creen estar mirando el mundo real, igual que nosotros vemos los objetos que nos rodean. La educación consiste en sacar a esos prisioneros de la cueva, es decir, en orientar nuestra alma hacia el estudio de las ideas permanentes: sobre todo la del bien, para poder actuar correctamente.

En la filosofía platónica, las pasiones y deseos del cuerpo («sexo, droga y rock and roll») nos alejan de la justicia. Por eso se empeña en decirnos que nos estamos distrayendo con tentaciones poco importantes y que debemos procurar conocer las ideas. Y como esas ideas no cambian nunca, son más reales que todo lo que vemos a nuestro alrededor, que hoy existe y mañana dejará de hacerlo.

Los versos dirigidos al «joven noble macedonio» se refieren, por supuesto, a Aristóteles. Ahí encontramos algo extraño en un romance: hay un verso impar que rima con los pares («Yo te lego la Academia»). Lo hace para reforzar un mensaje muy concreto, que hoy sería una oferta de trabajo.

Tras la muerte de Platón había tres candidatos a sucederlo como director de la Academia que había fundado. Aristóteles era uno de ellos. Este romance imagina a Platón ofreciéndole el puesto a cambio de que acepte la teoría de las ideas, es decir, la existencia real de ese mundo invisible.

Lo cierto es que el cargo se adjudicó por nepotismo si nos atenemos a la etimología: la palabra 'nepotismo' procede de 'nepote', que en italiano quiere decir 'sobrino'. Parece que, a diferencia de la costumbre monárquica y nobiliaria de dejar los cargos a los hijos, entre los papas romanos (por algún motivo) cundió más bien la costumbre de hacer recaer esos puestos en sus sobrinos. En fin, el caso es que a Platón lo sucedió precisamente el hijo de su hermana Potone: Espeusipo.

La versión grabada recuerda que la mayor parte de la obra de Platón está escrita en forma de diálogos, con Sócrates hablando con otros personajes. Jimmy ha fundido la propuesta laboral del fundador de la Academia con la respuesta de Aristóteles que encontramos a continuación.

COPLAS «MÁS AMIGA LA VERDAD»

Si me trago tu verdad
De ése altísimo ideal,
De quimera,

Me concedes tu amistad,
Tu caricia más leal
Y sincera.

Si reniego de esos seres,
Fruto de tu ensoñación
Más febril,

Sostenida en alfileres,
Sujetados a un telón
Muy sutil,

Me abandonas a mi suerte
De extranjero en mi país,
De meteco.

Puedo preferir la muerte
Antes que la vida gris
De muñeco,

Maestro de alta Academia,
Falsa, necia, triste en acto
Y en potencia.

Otro afán vital me apremia:
El encuentro de lo exacto
Y la ciencia.

No renuncio a tu amistad
Ni al valor de tu saber
Indudable,

Pero anhelo la verdad
Sobre el mundo y sobre el ser
Cierta y fiable.

Las rimas de pie quebrado sirvieron a Jorge Manrique (*ca.* 1440-1479) para dejarnos una de las obras más importantes de la literatura española: las coplas a la muerte de su padre. Recordemos su célebre comienzo:

Recuerde el alma dormida,
avive el seso y despierte
contemplando

cómo se pasa la vida,
cómo se viene la muerte
tan callando.

Nos sirve la forma para dar un paso más en la filosofía y adentrarnos en Aristóteles, al mismo tiempo que para responder a la oferta platónica que habíamos planteado antes.

Así, Aristóteles argumentaría reconociendo las ventajas de aceptarla y los inconvenientes de rechazarla, puesto que asumir la teoría de las ideas le granjearía el cariño de Platón, mientras que la negativa supondría quedar fuera de la Academia y expuesto a la xenofobia ateniense.

Efectivamente, Aristóteles era meteco, es decir, un extranjero que no tenía derecho a la ciudadanía de Atenas; él procedía de Macedonia, había nacido en Estagira. Y la rivalidad entre Atenas y Macedonia no haría más que aumentar con el auge que supondría el imperio de Alejandro Magno, alumno de Aristóteles.

Aunque seguramente el motivo por el que no fue nombrado director de la Academia no fue el desacuerdo, lo cierto es que el Estagirita no creía que existiera ningún mundo de las ideas. Esto no significa que se llevaran mal; todo lo contrario, ha pasado a la historia un proverbio que se encuentra en una *Vida de Aristóteles* («amicus Plato, sed magis amica veritas», amigo Platón, pero más amiga la verdad) y que expresa el auténtico sentimiento de él hacia Platón. Sus diferencias se limitan a sus opiniones y teorías. Al respecto, puede leerse lo siguiente:

> Quizá sea mejor examinar la noción del bien universal y preguntarnos qué quiere decir este concepto, aunque esta investigación nos resulte difícil por ser amigos nuestros los que han introducido las ideas. Parece, sin embargo, que es mejor y que debemos sacrificar incluso lo que nos es propio, cuando se trata de salvar la verdad, especialmente siendo filósofos; pues, siendo ambas cosas queridas, es justo preferir la verdad. (Aristóteles: *Ética nicomáquea*, I 6, 1096a)

Así pues, ahí tenemos a Aristóteles rechazando la teoría de las ideas para dedicarse a la investigación rigurosa acerca de la verdad.

Eso sí, me he permitido darle un aspecto airado a la respuesta, criticando la Academia platónica recurriendo a algunos de los conceptos que Aristóteles introdujo en el vocabulario científico, como son 'acto' y 'potencia'. Espero que se me disculpe.

«OCTAVILLAS», políticas o no, DE ARISTÓTELES

El Estagirita cuenta
Que es el hombre un animal,
Con la *physis* siempre atenta,
Es un animal social,
Bicho racional que inventa
Una polis natural,
Como abeja su colmena,
Como el campo la azucena.

Es un genio de la ciencia,
Se dedica a la moral,
Con rigor y con paciencia
Analiza y el bien y el mal.
Frente al vicio, la prudencia,
La justicia y lo legal.
En el medio la virtud,
Faro de la juventud.

Aire, fuego, mar y tierra
Dan la causa material,
Frente a Heráclito, sin guerra,
Por la causa más formal,
Una lista que abre y cierra
La eficiente y la final.
Cambia el mundo sublunar:
Aire, fuego, tierra y mar.

Con estrellas en esfera,
En el éter sideral,
Mientras todo aquí se altera,
Un motor sin potencial,
Entre tanto, no se entera,
Inmutable y celestial.
Acto puro, quieto, piensa
En su propia gloria inmensa.

Pero el hombre es cosa seria: Nuestra vida no es miseria,
Tiene un alma racional,   Aunque el alma sí es mortal.
Nuestro cuerpo es la materia   ¡Sabia la naturaleza,
Con enlace sustancial,   Que termina lo que empieza!

Las octavas reales son estrofas renacentistas de arte mayor, como las de la *Fábula de Polifemo y Galatea* de Góngora (1561-1627), que comienza del siguiente modo:

Estas que me dictó rimas sonoras,
Culta sí, aunque bucólica Talía,
¡Oh, excelso conde!, en las purpúreas horas
Que es rosa la alba y rosicler el día,
Ahora que de luz tu niebla doras,
Escucha, al son de la zampoña mía,
Si ya los muros no te ven, de Huelva,
Peinar el viento, fatigar la selva.

A mí no me da para tanto, así que me he conformado con componer unos octosílabos que nos ayuden a relatar algunos de los aspectos principales de su pensamiento. Me he permitido llamarlas «octavillas», alguna de las cuales sí que trata de política.

Aristóteles es un coloso intelectual: el primer gran científico de la historia, con una curiosidad inmensa que lo llevó a estudiar con rigor casi todos los ámbitos de la realidad que tenía ante sí. Las diversas «octavillas» que presentamos tratan de política, ética, física, metafísica y antropología.

Precisamente desde el punto de vista antropológico, lo primero que hay que resaltar es que, según Aristóteles, el hombre es ni más ni menos que un animal.

Coincide con Platón en que los seres humanos tienen alma, que es aquello que distingue a los seres vivos de los que no lo están, pero no se trata de algo que pueda independizarse del cuerpo y continuar más allá de nuestra vida, sino que es nuestra forma, es decir, lo que nos convierte a cada cual en el individuo que somos y que, por lo tanto, está unido sustancialmente a la materia con la que nos componemos, nuestro cuerpo.

Ahora bien, en tanto que animales, nos caracterizamos por vivir en sociedad. Esto es algo previsto por la naturaleza (la *physis*, Φύσις). En opinión de Aristóteles, la naturaleza no hace nada en vano. Ella es la que nos ha dado el lenguaje y la razón, para que los desarrollemos en sociedad, procurando establecer un modelo de convivencia virtuoso y justo, ¡ahí es nada!

Así, la naturaleza da a cada ser lo que necesita para alcanzar su objetivo: a los leones, las fauces y garras para cazar; a las moscas, las alas para volar... Y la creación de la sociedad es tan natural para nosotros como la de las colmenas para las abejas.

En esa sociedad, gracias al lenguaje, podremos debatir sobre lo bueno y lo malo, alcanzar la justicia y conseguir la virtud (que es un término medio entre opuestos viciosos, como sucede en el caso de la generosidad entre la avaricia y el derroche, o el valor entre la cobardía y la temeridad). Los jóvenes deben adquirir esa virtud mediante el aprendizaje, el esfuerzo para seguir los ejemplos que proporcionan las personas prudentes.

En fin, cuando hablamos de la naturaleza nos referimos al mundo cambiante que podemos observar. Esa realidad se diferencia en dos campos muy diferentes: el mundo sublunar (en el que vivimos y que estaría limitado por la esfera en la que se sujetaría la Luna) y el mundo supralunar (el de los cuerpos que vemos en el cielo). El primero se compone de los cuatro elementos de Empédocles (tierra, agua, aire y fuego, enumerados de abajo a arriba según su orden natural); el segundo, de un quinto elemento (éter o quintaesencia). La Física es la ciencia que estudia la realidad cambiante, lo cual es particularmente frecuente en el caso del mundo sublunar; mientras que las esferas celestes apenas se trasladan girando circularmente.

Aristóteles explicaba el movimiento del mundo físico recurriendo a cuatro tipos de causa: eficiente, material, formal y final.

Y consideraba que ese movimiento tenía que tener algún origen, ya que nada puede moverse a sí mismo, por lo que resultaba imprescindible buscar la causa del movimiento en un primer motor inmóvil, que, precisamente, por no cambiar, ya no pertenecía a la realidad natural, sino que estaba más allá, se encontraba en el campo de la metafísica (lo que está más allá de la física, es decir, de la naturaleza).

Ese primer motor es un ser perfecto, lo que explica que no se transforme de ninguna manera, puesto que perdería esa condición. Un ser sin potencia para transformarse, acto puro, dedicado a la actividad más perfecta que puede realizarse inmóvil: pensar. Pero, ¡ojo!, pensar sólo acerca de sí mismo, despreocupado de las penas que padecemos quienes nos encontramos sobre la Tierra.

Motor lejano, el Dios de Aristóteles es el ideal inmóvil en cuya dirección se consumen los movimientos regulares de las esferas, los movimientos más complejos de las estaciones, el ciclo biológico de las generaciones y de las corrupciones, las vicisitudes de la acción y del trabajo del hombre. Nada se parece menos al Dios amor de los cristianos que el Dios amable de Aristóteles. (Pierre Aubenque: «Aristóteles y el Liceo», *Historia de la Filosofía*, vol. 2, p. 214)

En último término, la inteligencia y el plan de toda la realidad no corresponden a Dios, sino a la misma naturaleza, que actúa buscando siempre un fin, por más que ese fin suponga también el de cada uno de nosotros. Así termina la canción. Y no sólo ella.

ZÉJEL DEL CIELO

Nos lleva al cielo / Que es nuestro anhelo.

Doctor de Hipona / Nos emociona, / Con fe razona, /
Nos da consuelo.
Nos lleva al cielo / Que es nuestro anhelo.

De Santa Mónica, / Según la crónica, / Su muerte armónica
Nos canta el duelo.
Nos lleva al cielo / Que es nuestro anhelo.

En *Confesiones,* / Con las razones, / Cura pasiones.
Así arde el hielo.
Nos lleva al cielo / Que es nuestro anhelo.

La gran verdad. / De su ciudad / Es la piedad.
Así alza el vuelo.
Nos lleva al cielo / Que es nuestro anhelo.

En este viaje / Sin equipaje / Dejad el traje.
Tirad del pelo
Nos lleva al cielo / Que es nuestro anhelo.

Se me ocurre que para un norteafricano como Agustín de Hipona
(354-430) resulta adecuado componer un zéjel, una canción con un estribillo de dos versos que riman con la vuelta que se produce desde

la mudanza. Me explico: se canta el estribillo para que el auditorio lo conozca y pueda acompañar al cantante al ver que, después de tres versos rimados entre sí (la mudanza), se canta uno (la vuelta) que rima con el estribillo.

En el *Libro de buen amor* del Arcipreste de Hita (ca. 1283-ca. 1350), se recoge alguno con esta forma, como el de «lo que contesçió al arçipreste con Fernand Garçía, su mensajero» y que comienza así:

> Mis ojos no verán lus / pues perdido he a Crus.
> Crus crusada, panadera / tomé por entendedera / tomé senda por carrera
> Como andalús
> Mis ojos no verán lus / pues perdido he a Crus.
>
> Coydando que la avría / Díxelo a Fernand Garçía / que troxiese la pletesía
> Ef fuese pleytés e dus
> Mis ojos no verán lus / pues perdido he a Crus...

Pero existen otras formas, como la de las Tres morillas, que en la versión del *Cancionero de Palacio* del siglo XVI se recoge con la siguiente letra:

> Tres morillas m'enamoran
> en Jaén / Axa y Fátima y Marién.
>
> Tres morillas tan garridas / yvan a coger olivas / y hallávanlas cogidas
> en Jaén / Axa y Fátima y Marién.
>
> Y hallávanlas cogidas / y tornaban desmaídas / y las colores perdidas
> en Jaén / Axa y Fátima y Marién.

Pero dejemos a nuestras morillas jienenses que se han cantado tantas veces y tan maravillosamente. Volvamos a Agustín y al cristianismo. Él encontraba que la fe religiosa y la razón debían armonizarse: «Intellige ut credas; crede ut intelligas» (*Sermones*: XLIII, 7, 9), es decir, «entiende para creer, cree para entender». De ahí que escribamos en la primera estrofa que razona con fe.

En cuanto a la segunda, se recuerda uno de los acontecimientos más relevantes de su vida: el éxtasis que tuvo junto a su moribunda madre, Santa Mónica, en el puerto romano del río Tíber en Ostia.

Las siguientes nos remiten a dos de sus obras más importantes: las *Confesiones* y la *Ciudad de Dios*.

En la tercera estrofa se recoge uno de los aspectos más importantes del agustinismo: incorporó a las enseñanzas cristianas la propuesta platónica de que para salvarnos tenemos que controlar nuestros deseos y pasiones.

En cuanto a la cuarta, se alude a que la piedad era fundamental para la ciudad de Dios:

> Dos amores fundaron, pues, dos ciudades, a saber: el amor propio hasta el desprecio de Dios, la terrena, y el amor de Dios hasta el desprecio de sí propio, la celestial. [...], en aquélla, sus sabios, que viven según el hombre, no han buscado más que o los bienes del cuerpo, o los del alma, o los de ambos, y los que llegaron a conocer a Dios, *no le honraron ni dieron gracias como a Dios, sino que se desvanecieron en sus pensamientos, y su necio corazón se oscureció. Creyéndose sabios* [...]. En ésta, en cambio, no hay sabiduría humana, sino piedad, que funda el culto legítimo al Dios verdadero, en espera de un premio en la sociedad de los santos, de hombres y de ángeles, *con el fin de que Dios sea todo en todas las cosas* (1 Cor 15, 28). (*La Ciudad de Dios*, XIV, 28)

Por lo que se refiere a la vuelta de la última estrofa... bueno, es una gansada que puede recordar a la del barón de Münchhausen, quien consiguió salir de un pantano tirando de su coleta hacia arriba y, además, sacar a su caballo porque lo llevaba bien sujeto entre las piernas. Aquí exageramos todavía más, bromeando con que podríamos llegar al cielo si nos desprendemos de todo y jalamos hacia arriba con fuerza de nuestros propios pelos. Naturalmente, sólo es una broma: al menos para los que somos alopécicos resulta imposible.

CANTA, LENGUA, CINCO VÍAS

Van las primeras,
Estáte atento:
Quedan roderas
Del corrimiento
Por las laderas.
Por movimiento
De las caderas

[Estribillo]
¡Santo Tomás,
Que te desvías!
Contando estás
Las cinco vías.

Sabe cualquiera,
Deja que cuente
A mi manera:
Causa eficiente

La hay primera.
¡Ritmo caliente
La sangre altera!

[Estribillo]

Un comentario:
Lo grave y leve
Es ordinario,
Todo lo mueve
El necesario.
Baile conmueve
El escenario.

[Estribillo]

Está lo peor
Porque subyace

A lo mejor.
Todo esto lo hace
Dios Creador.
Y le complace
Un bailaor.

[Estribillo]

Es algo tierna
La Creación:
Cambia y alterna.
Con decisión
Algo gobierna.
El reguetón
Mueve la pierna.

[Estribillo]

Tomás de Aquino (1225-1274) compuso un himno muy importante: el *Pange lingua*. Está escrito en estrofas de seis versos octosílabos en las que riman entre sí los impares y los pares. Copiamos la primera:

> Pange, lingua, gloriosi
> Córporis mystérium
> Sanguinísque pretiósi,
> Quem in mundi prétium
> Fructus ventris generósi
> Rex effúdit géntium.

Así que la primera versión que se me ocurrió trasladaba las cinco vías (cinco demostraciones de la existencia de Dios) a esa misma fórmula:

PANGE, LINGUA, CINCO VÍAS

Canta, lengua, cinco vías
Que demuestran la verdad,
Que despejan las impías
Dudas de la cristiandad
Y las críticas vacías
Que carecen de piedad.

Que comience el movimiento
Arrancando algún motor,
Que se extienda con el viento
Generando más calor.
Quien escucha más atento
Reconoce tu valor.

Eres la causa primera
Que produce tanto efecto,
Que dirige muy certera,
Con criterio siempre recto,
Evitando la quimera,
Promoviendo todo afecto.

Entre tanto contingente
Algo encuentro necesario,
Freno a todo aquel que miente,
Al que diga lo contrario.
Quien lo quiere bien lo siente
Que se te percibe a diario.

Eres bien en sumo grado,
Fundamento de lo bueno,
Creador jamás creado,
Cima noble, sumo, pleno,
El que todo nos ha dado,
En origen, desde el seno.

Todo cae en tu gobierno
Descendiendo desde el cielo,
Baja incluso hasta el infierno.
Tú diriges nuestro anhelo,
Nos seduces con lo eterno
Como cebo del anzuelo.

Pero el resultado no parece muy adecuado para cantar en un concierto didáctico. Para empezar, porque es muy largo y, para seguir, porque invitaba a un canto paródico del himno tomista, algo completamente innecesario (hay quien dice que ya existen algunos, aunque sean involuntarios). Así que opté por mantener una estructura que lo recordara ligeramente pero recortando las sílabas y alargando un poco la estrofa con una coda para darle un giro al final que pudiera resultar divertido. Así, cada estrofa empieza con una de las demostraciones (cinco versos) y termina con un vuelco hacia el baile (otros dos). Nos lo pone fácil comenzar con la primera vía, que es la del movimiento y procede completamente de Aristóteles:

> La existencia de Dios se puede demostrar por cinco vías. La primera
> y más clara se funda en el movimiento. Es evidente, y los sentidos
> lo atestiguan, que en el mundo algunas cosas se mueven. Ahora
> bien, todo lo que se mueve es movido por otro […]. Pero si lo que se
> mueve es movido, es necesario que lo sea por otro y éste por otro.
> Sin embargo, no es posible proseguir indefinidamente, pues, en ese
> caso, no habría un primer motor y, en consecuencia, no habría motor
> alguno […]. Por tanto, es necesario llegar a un primer motor, que no
> sea movido por ningún otro y esto es lo que todos entienden por
> Dios. (*Suma teológica*, I, I, 3)

Dios es el origen de todo movimiento (primer motor), la primera causa eficiente, el ser necesario por sí mismo, la perfección absoluta (que da sentido a todo lo bueno y nos permite valorarlo) y, por último, quien gobierna el mundo (tanto por lo que se refiere a la naturaleza como a la conducta de los seres humanos). Esperemos que algo de ello haya quedado reflejado en nuestra canción.

Por mero despiste, entregué a Jimmy alterado el orden de la cuarta y la quinta vía, y así ha quedado en la grabación. No creo que tenga mucha importancia.

TERCETOS ENCADENADOS
DE GALILEO ENCADENADO

¡Galileo, ¡qué mareo!,
Rotación y movimiento,
Traslación y bamboleo.

Culpa del Renacimiento,
Del infierno más dantesco,
De las lentes con aumento,

Del error de lo grotesco,
Contra el pobre Ptolomeo,
Un absurdo de Ionesco.

¡Galileo, ¡qué mareo!,
Rotación y movimiento,
Traslación y bamboleo.

Tengo para ti un tormento,
Nauta cruel del universo,
Ciego con conocimiento,

Péndulo con su reverso,
Cielo hermoso, cielo feo,
Jura que eres muy perverso.

¡Galileo, ¡qué mareo!,
Rotación y movimiento,
Traslación y bamboleo.

Basta ya de tanto invento,
Es polémico, es herético,
Sin rigor ni fundamento.

Tu pensar es hipotético,
Roba fuego prometeo
Con espíritu patético.

¡Galileo, ¡qué mareo!,
Rotación y movimiento,
Traslación y bamboleo.

Parla il papa di talento
Quando arriva il messaggero
Delle stelle e firmamento.

Messo già per lo sentiero,
Arrogante, vecchio reo
Contra papa e suo impero.

¡Galileo, ¡qué mareo!,   Busca algún lugar de encuentro
Rotación y movimiento,   Dilo quieto, sin rodeo:
Traslación y bamboleo.   ¡Esta Tierra está en el centro!

Quédate en algún convento,   *¡Galileo, ¡qué mareo!,*
Busca fuera, busca dentro.   *Rotación y movimiento,*
Por el aire, por el viento,   *Traslación y bamboleo.*

El juicio a Galileo señala con precisión el enfrentamiento entre la Iglesia romana y la creciente Nueva ciencia.

Copérnico (1473-1543) había sugerido los beneficios de cálculo que suponía el heliocentrismo, pensar que lo que está en el centro del universo no es la Tierra, como sostenía la astronomía aristotélica de Ptolomeo y como asumía el catolicismo apoyado en algunos fragmentos bíblicos como en el que Dios detiene el Sol para favorecer al pueblo elegido en una batalla:

> Entonces habló Josué a Yahveh, el día que Yahveh entregó al amorreo en manos de los israelitas, a los ojos de Israel y dijo: «Deténte, sol, en Gabaón, y tú, luna, en el valle de Ayyalón.
> Y el sol se detuvo y la luna se paró hasta que el pueblo se vengó de sus enemigos».
> ¿No está esto escrito en el libro del Justo? El sol se paró en medio del cielo y no tuvo prisa en ponerse como un día entero. (*Josué* 10, 12-3)

Galileo (1564-1642) es un renacentista muy notable, que sumaba a su interés por la ingeniería y las ciencias el que tenía por las artes, como la música y la literatura. Por la primera fue un gran violinista. Por la segunda se aproximó a un trabajo para ubicar y cubicar el infierno de la *Divina comedia* de Dante, una de las obras que marca la frontera entre la Edad Media y el Renacimiento.

Esta obra está escrita en *terza rima*, tiras de estrofas de tres versos endecasílabos en las que el del medio enlaza con los dos impares del trío siguiente. Así sale Dante del infierno:

> Lo duca e io per quel cammino ascoso
> intrammo a ritornar nel chiaro mondo;
> e sanza cura aver d'alcun riposo,
> salimmo sù, el primo e io secondo,
> tanto ch'i' vidi de le cose belle

che porta 'l ciel, per un pertugio tondo.
E quindi uscimmo a riveder le stelle.
(Inferno, Canto XXXIV)

Así que, con Galileo salimos a ver de nuevo las estrellas, con alguno de los telescopios que fabricaba y le permitían disputar con los jesuitas argumentando que la Tierra gira sobre sí misma y alrededor del Sol, hasta que tuvo lugar el desafortunado juicio en que hubo de abjurar de sus teorías y salir, supuestamente musitando «eppur si muove», y, sin embargo, se mueve.

Así había anotado Galileo infructuosamente preparando su defensa en el juicio que ya sufrió en 1616:

> El movimiento de la Tierra y la inmovilidad del Sol no pueden nunca ir contra la fe o las Sagradas Escrituras, verdaderamente tal doctrina está demostrada por filósofos, astrónomos y matemáticos como un hecho real mediante experiencias sensibles, cuidadosas observaciones y demostraciones necesarias; en ese caso, si algunos pasajes de la Escritura pareciesen afirmar lo contrario, debemos decir que tal cosa es debido a la incapacidad de nuestro entendimiento, que no ha sido capaz de descubrir el verdadero sentido de la Escritura en esos casos concretos. (Apuntes previos al proceso de 1616)

Preferimos los octosílabos a los endecasílabos porque se acomodan más al canto, así que terminamos en los tercetos encadenados de los que mi ejemplo favorito es la elegía de Miguel Hernández a Ramón Sijé del que recogemos un fragmento:

> No hay extensión más grande que mi herida,
> lloro mi desventura y sus conjuntos
> y siento más tu muerte que mi vida.
> Ando sobre rastrojos de difuntos,
> y sin calor de nadie y sin consuelo
> voy de mi corazón a mis asuntos.
> Temprano levantó la muerte el vuelo,
> temprano madrugó la madrugada,
> temprano estás rodando por el suelo.

VAMOS A PASAR UN RATO

Medievales baluartes,
Las murallas y estandartes,
Italianos con sus artes,
Lo moderno es mi Descartes.

Esta noche tengo cita
Con Descartes, el moderno.
Noche clara y muy distinta:
Mezcla duda, vida y sueño.

Reta al genio más maligno
A un combate intelectual,
Dice «Pienso, luego existo»,
Jaque mate al dios truhán.

Vamos a pasar un rato
Con Renato,
Vamos a pasar un rato
Con Renato.

Como su alma es pensamiento
Y su cuerpo es extensión,
Hablaremos de lo eterno,
Usaremos la *chaise longue.*

Con su cuerpo, su alma y yo
¡Vaya trío! ¡Un *ménage*!
¡Además se suma Dios!
¡Vaya lío sustancial!

Vamos a pasar un rato
Con Renato,
Vamos a pasar un rato
Con Renato.

Pero el hombre es muy metódico,
Cuatro reglas bastarán
Para superar el gótico
Clima de la antigüedad.

Funda nueva etapa clara,	*Vamos a pasar un rato*
Analiza y va por partes,	*Con Renato,*
Sintetiza y lo repasa,	*Vamos a pasar un rato*
Lo moderno es mi Descartes.	*Con Renato,*
	Si es que existe.

La época de René Descartes (1596-1650) es un periodo de cambios muy importantes. A finales del siglo XV, la Edad Media cedió paso al Renacimiento y la filosofía moderna. Descartes es un representante fundamental de ese cambio y de la filosofía moderna. Por ese motivo, nuestra canción comienza con una cuartilla que tiene rima consonante en todos sus versos y que alude a los tiempos que se superan (medievales y renacentistas) para lanzarse a cuartetas con rima asonante.

Ejemplo de la primera encontramos en la obra de Eduardo Chicharro Briones (1905-1964):

«¡Gentes fiel deste condado
Pescadores de pescado,
Putas, vírgenes, cuidado
Con el cerdo rebozado!»

Por lo demás, se trata, de nuevo, de una broma llena de referencias a la filosofía cartesiana. Imaginamos una cita con Descartes en marcado contraste con la noche oscura del alma de Juan de la Cruz (1542-1591).

Descartes estaba obsesionado con encontrar un conocimiento seguro y firme. La única posibilidad de conseguirlo pasaba por renunciar a todo lo que fuera dudoso. Y a él le parecía que ni siquiera podíamos estar absolutamente convencidos de que el mundo fuera tal y como lo vemos: para empezar, porque los sentidos nos engañan y, para seguir, porque nuestra vida podría ser el engaño de un genio maligno infinitamente poderoso (a la manera de la película *Matrix*) o simplemente un sueño, como el del pobre Segismundo de *La vida es sueño* de Calderón de la Barca (1600-1681).

¿Qué es la vida? Un frenesí.
¿Qué es la vida? Una ilusión,
una sombra, una ficción;
y el mayor bien es pequeño;
que toda la vida es sueño,
y los sueños, sueños son.

Casi que mejor que el lamento del Macbeth de Shakespeare (1564-1616):

> La vida es sólo una sombra caminante, un mal actor que, durante su tiempo, se agita y se pavonea en la escena, y luego no se la oye más. Es un cuento contado por un idiota, lleno de ruido y furia, y que no significa nada.

Puestas así las cosas, lo único absolutamente seguro es que si pensamos es porque existimos. Quizá nuestro cuerpo o el mundo no son como nos parece, pero nosotros tenemos que existir para pensar.

> En tanto rechazamos de esta forma todo aquello de lo que podemos dudar e incluso llegamos a fingir que es falso, fácilmente suponemos que no hay Dios, ni cielo, *ni tierra...*, y que no tenemos cuerpo; pero no podríamos suponer de igual forma que no somos mientras estamos dudando de la verdad de todas estas cosas, pues es tal la repugnancia que advertimos al concebir que lo que piensa no es verdaderamente al mismo tiempo que piensa, que, *a pesar de las más extravagantes suposiciones, no podríamos impedirnos creer que* esta conclusión, yo pienso, luego soy, sea *verdadera* y, *en consecuencia,* la primera y la más cierta que se presenta ante quien conduce sus pensamientos por orden. (*Los principios de la Filosofía,* I, 7)

Esto llevó a Descartes a distinguir entre nuestra mente (alma) y la naturaleza. Podría existir nuestro espíritu sin que lo hiciera el mundo que nos rodea. Y, por supuesto, pueden existir cuerpos sin mente (yo conozco muchos... los cántaros, por ejemplo).

Dado que las almas y los cuerpos pueden ser independientes, Descartes los denomina 'sustancias' y reconoce una tercera: Dios. Para que nos entendamos, existen tres tipos de realidades: Dios, las mentes (caracterizadas por el pensamiento) y el mundo físico (extenso, puesto que los cuerpos ocupan un lugar en el espacio).

Aunque Descartes considerara que todo el saber humano está unido, la distinción de tres tipos de realidades independientes entre sí tiene una consecuencia extraordinariamente importante: la Iglesia no tiene por qué interferir en los estudios que no se refieren ni al alma ni a Dios, así que los científicos pueden estudiar con libertad, puesto que se ocupan únicamente de la sustancia extensa, de los cuerpos y sus movimientos en el espacio.

A partir de ahí, se propuso reconstruir toda la ciencia y, para ello, recurrió a un método que tenía cuatro reglas:

- asumir como verdadero únicamente lo evidente (lo claro y distinto),
- dividir en partes las dificultades para poder comprender bien cada una de ellas (analizar),
- ordenar y reconstruir el conjunto desde esas partes (sintetizar) y, finalmente,
- repasar todo (enumerar).

En fin, que está bien que Descartes dijera que la única verdad indudable y segura es que, dado que pensaba, existía. Otra cosa es que exista, pero ahí lo dejamos.

LEIBNIZ DE LIRA

Dice el racionalista:
El mundo es el mejor lugar posible.
Yo lo veo optimista.
Pues peco de sensible,
Aunque tampoco digo que es terrible.

Y este es Leibniz de lira,
Leibniz de lira.

Donde veo bobadas,
Dolor, pavor, crueldad y más horrores,
Él encuentra monadas,
Fragancias por olores,
Se relame y perdona los errores.

Y este es Leibniz de lira,
Leibniz de lira.

Por más que todo cabe,
Confía mucho en Dios que todo puede,
Que ante el mal nunca cede,
El dios que todo sabe
Decide, así que elige mundo adrede.

Y este es Leibniz de lira,
Leibniz de lira.

Leibniz es muy creyente.
Orgulloso camina el hombre erecto.
Concluye, consistente:
Este mundo es perfecto,
Ha sido producido por Él recto.

Y este es Leibniz de lira,
Leibniz de lira.

La llegada de las liras desde la Italia renacentista a España ha dado a nuestra literatura alguna obra gloriosa. Por supuesto, en pluma de Garcilaso (1503-1536), pero también en la de Juan de la Cruz. El *Cántico espiritual* es un texto sublime que empieza con aires de amor:

¿Adónde te escondiste,
amado, y me dejaste con gemido?

Como el ciervo huiste,
habiéndome herido;
salí tras ti, clamando, y eras ido.

Pastores, los que fuerdes
allá, por las majadas, al otero,
si por ventura vierdes
aquél que yo más quiero,
decidle que adolezco, peno y muero.

Tiene un mérito extraordinario, porque desde el punto de vista formal las liras son muy exigentes. Alternan versos de siete sílabas con otros de once y, para mantener el ritmo, los acentos deben colocarse con mucha precisión. Por ejemplo, todos los versos tienen que acentuarse en la sexta sílaba (los heptasílabos lo hacen inevitablemente). Y hay una norma fundamental que mucho me temo que he roto: ningún verso de once sílabas debe acentuarse en la novena. Esto sucede en el caso del último verso. Pero no me atrevo a quitar la tilde de «Él», porque podría convertir un pronombre en un artículo y, eventualmente, incluso cambiar el significado de la frase. Es lo que tienen las tildes diacríticas, que sirven para que no confundamos unas palabras con otras.

Pero vamos con Leibniz (1646-1716). Fue un autor racionalista y, en buena medida, siguió el camino apuntado por Descartes, escribiendo un tratado acerca de las sustancias que él denominaba 'mónadas' y que serían algo así como almas que conocen el mundo.

Quizá lo más recordado de lo que afirmaba es su convencimiento de que éste es el mejor mundo posible. Cuesta creerlo. Uno no puede evitar preguntarse cómo serán los otros. Pero no deja de ser una conclusión inevitable del siguiente razonamiento: si Dios es infinitamente bueno, sabio y poderoso, pudo elegir qué mundo crearía. Y no tiene sentido que prefiriera uno diferente del óptimo, del mejor posible. Asunto muy diferente es que nosotros seamos capaces de comprender cuál es todo el plan y por qué es imprescindible que exista una cierta cantidad de lo que a nosotros nos parecen males.

Él se quedaba muy tranquilo:

> De la perfección suprema de Dios se sigue que al producir el universo haya elegido el mejor plan posible en el que existe la mayor variedad con el mayor orden. (*Principios de la naturaleza y de la gracia fundados en razón*, en *Escritos filosóficos*)

En el mundo jamás es justa indignación alguna. Ningún movimiento del alma, fuera de la tranquilidad, está exento de impiedad.

[...] *el que ama a Dios considera al pasado como un bien y se esfuerza por mejorar el futuro.* Sólo el que siente así llega a la tranquilidad del alma que buscan los filósofos severos, a la resignación de todo en Dios que buscan los teólogos místicos. (*La profesión de fe del filósofo,* en *Escritos filosóficos*)

Pues nada, ahí queda dicho y cantado.

Quintetos del hombre lobo

Empieza todo mal, fatal:
Tratándonos con malos modos
En guerra todos contra todos,
En el estado natural,
Sin libertad, terror mortal.

El hombre es malo, es peligroso,
El hombre es para el hombre un lobo,
Es un villano, es un tramposo.

El hombre es para el hombre un lobo,
Es otra historia de terror
Con mal reparto, ¡vaya horror!:
La vida es cara, el precio un robo,
¡Renuncia a tus derechos, bobo!

El hombre es malo, es peligroso,
El hombre es para el hombre un lobo,
Es un villano, es un tramposo.

Pues, como Hobbes es pesimista,
El hombre lobo deja cojos
Y, de llorar, los ojos rojos.
Pondrá gobierno absolutista,
¡Tirano honrado! ¡Es optimista!

El hombre es malo, es peligroso,
El hombre es para el hombre un lobo,
Es un villano, es un tramposo.

Vamos a retroceder un poco en el tiempo y buscar una forma diferente para cantar a Hobbes (1588-1679). Se trata de unos quintetos. Como los que le dedicó en disputa acerada Jesús Muruais Rodríguez (1852-1903) a un compañero[1] de clase: ¡Clarín (1852-1901)! Vienen al pelo porque de rivalidades, inquinas y disputas irá la cosa en la filosofía de Hobbes:

---

[1] Recogido del número extraordinario en homenaje a Don Manuel Revuelta Sañudo del Boletín de la Biblioteca de Menéndez Pelayo de 1994, pp. 321-322.

Vestido de romano en un festín
salió cuando *estudiaba aquí latín*
recitando un palique sin empacho.
No tenía diez años aún Clarín
y ya era, a más de códio, mamarracho!

El objetivo de nuestro desorden cronológico es reunir a Descartes y Leibniz, por un lado, y a Hobbes y Rousseau (1712-1778), por otro, puesto que estas dos parejas tratan asuntos parecidos entre sí. En concreto, Hobbes y Rousseau se van a plantear cuestiones de carácter político: ¿cómo debemos organizarnos socialmente para vivir lo mejor posible?, ¿quién debería mandar?, ¿por qué tenemos que obedecer?...

Curiosamente, aunque las preguntas que se hacen ambos autores coinciden, las respuestas no pueden ser más divergentes. Hobbes cree que lo mejor que nos puede suceder es que haya un gobernante con un poder absoluto y que todos nos sometamos a él. Naturalmente, debemos preguntarnos dónde está la ventaja.

En realidad, el asunto es que la alternativa es peor. Hobbes opinaba que somos malvados y que si no nos sometemos completamente seremos como lobos, en guerra constante de todos contra todos.

> Durante el tiempo en que los hombres viven sin un poder común que les obligue a todos al respeto, están en aquella condición que se llama guerra; y una guerra como de todo hombre contra todo hombre. [...] No hay lugar para la industria; porque el fruto de la misma es inseguro. Y, por consiguiente, tampoco cultivo de la tierra; ni navegación, ni uso de los bienes que pueden ser importados por mar, ni construcción confortable; ni instrumentos para mover y remover los objetos que necesitan mucha fuerza; ni conocimiento de la faz de la tierra; ni cómputo del tiempo; ni artes; ni letras; ni sociedad; sino, lo que es peor que todo, miedo continuo y peligro de muerte violenta y para el hombre una vida solitaria, pobre, desagradable, brutal y corta. (*Leviatán*, I, 13)

Con ese panorama, no extraña que Hobbes rechazara la posibilidad de que tratáramos de llevarnos bien sin más. En su opinión, era mejor ceder ante un poder absoluto.

> Y aunque en tal poder ilimitado los hombres pueden representarse muchas malas consecuencias, las consecuencias de su falta

–que son una guerra perpetua de cada hombre contra su vecino–
son mucho peores. (*Leviatán*, II, 20)

Pues nada, ahí está su propuesta: que no deja de esconder un pesi-
mismo alarmante respecto de la naturaleza humana y confianza des-
bordante en que podamos tener la fortuna de que la persona que nos
gobierne resulte ser una excepción.

El tambor de Rousseau

Todo comenzó con Dios,
Autor de la Creación.
Comienzo prometedor,
Mas, sin otra bendición,
Cayó en manos del rey Sol,
Monarca que señaló
Aquí «El Estado soy yo»
Porque vivo en un *château*.

Entonces llegó Rousseau,
Se enfrentó a Thomas Hobbes,
d'Alembert y Diderot,
Voltaire lo llamó ladrón.
Con esfuerzo defendió
De los pueblos la opinión
Ante la del opresor,
Pidiendo otra educación.

Durante la gestación
De la nueva Ilustración
Pensó un pacto sin dolor.
Pero cuando se cortó
El umbilical cordón
Lo que en Francia se alumbró
Fue la gran revolución,
Un reinado del terror.

Un reinado que segó
Las cabezas y *chapeaus*.
A modo de conclusión,
Digamos a este señor,
Sea el hombre bueno o no,
La mujer es lo mejor.
La mujer es lo mejor
La mujer es lo mejor.

La forma que hemos elegido para presentar a Rousseau es extraña. Todos los versos son octosílabos y riman entre sí (como en las casidas árabes y en el ejemplo que pusimos al hablar de Descartes, aunque el tema de nuestra canción no tenga nada que ver con las románticas casidas).

La idea es que, rematadas en 'o', suenen como un tambor revolucionario, una llamada belicosa que quizá tiene extraños antecedentes si escribimos seguidos los pares de versos de algún texto muy conocido:

> Ved cual ondra creçe / al que en buen ora naçio,
> Quando señoras son sus fijas. / de Navarra y de Aragon.
> Oy los reyes dEspaña / sos parientes son,
> A' todos alcança ondra / por el que en buen ora naçio.

¿Por qué recurrimos a este tambor? Pues lo explicaremos despacio.

El punto de vista de Rousseau era prácticamente opuesto al de Hobbes: en su opinión, los hombres son buenos y es la sociedad la que los corrompe.

Aunque esto hay que matizarlo: escribió un tratado sobre la educación titulado *Emilio*, que comienza así:

> Todo es perfecto al salir de manos del hacedor de todas las cosas.
> Todo degenera en las manos del hombre.

Esto resulta desconcertante. ¿No hemos dicho que el hombre es bueno por naturaleza? Pues sí, pero sólo por naturaleza, porque resulta que, en la práctica él mismo se consideraba regular[2] y tampoco tenía muy buena opinión acerca de quienes lo rodeaban: se creía perseguido y maltratado[3].

Ese rechazo que sentía de los demás lo llevó a discutir con muchos de los hombres importantes de su época, como D'Alembert, Diderot o Voltaire.

Una de las muestras de cómo polemizaba, la encontramos a partir de su consideración de que el origen de la desigualdad tenía que ver con la aparición de la propiedad privada:

> Al primero que, habiendo cercado un terreno, se le ocurrió decir:
> esto es mío; y encontró gente lo bastante ingenua para creérselo, ése
> fue el verdadero fundador de la sociedad civil. ¡Cuántos crímenes,

---

[2] «Más ardiente que iluminado en mis investigaciones, pero sincero en todo, incluso contra mí; sencillo y bueno, pero sensible y débil, que a menudo obra el mal y siempre quiere el bien». («Carta al arzobispo Beaumont», p. 52).

[3] «El hombre es bueno por naturaleza, como creo haberlo demostrado [...] los hombres son malos, como se han tomado el trabajo de hacérmelo ver». («Carta al arzobispo Beaumont», p. 73).

> guerras, asesinatos, cuántas miserias y horrores no habría evitado
> al género humano aquel que, arrancando las estacas o allanando el
> cerco, hubiese gritado: «Guardaos de escuchar a este impostor; es-
> táis perdidos si olvidáis que los frutos son de todos y la tierra no es
> de nadie! (*Discurso sobre el origen y fundamento de la desigualdad entre
> los hombres*)

Lo que movió a Voltaire (1694-1778) a reaccionar con el siguiente
comentario:

> ¡Con que ese hombre injusto, ese ladrón habría sido el benefactor del
> género humano! He ahí la filosofía de un bribón que quisiera que
> los ricos fueran robados por los pobres.

En fin, que Rousseau se situaba más bien del lado de los desposeí-
dos, consideraba que el poder procedía del pueblo y que debíamos fir-
mar un pacto social que conviniera a todos: si vivimos en sociedad es
únicamente porque tenemos intereses comunes y sólo esos intereses
comunes justifican que obedezcamos y continuemos juntos. Me explico: si se trata de aportar para construir una carretera o un hospital,
debemos hacerlo; si es para que alguien se haga un palacio o disfrute de
lujos ¡pues no! (Escúchese aquí retumbar nuestro tambor).

En definitiva, que frente al absolutismo de Hobbes, Rousseau pro-
movió la democracia.

Como es sabido, los esfuerzos ilustrados contribuyeron a que se pro-
dujera la Revolución Francesa en 1789. Desgraciadamente, se pagó un
precio muy alto y el gobierno de Robespierre (1758-1794) fue conocido
como reinado del terror por la cantidad de personas que sufrieron la
persecución y el filo de la guillotina.

En todo caso, la Revolución alumbró la *Declaración de derechos del
hombre y el ciudadano*. Y Olympe de Gouges (1748-1793) quiso aclararla y
completarla con su *Declaración de los derechos de la mujer y la ciudadana*.

LA RAZÓN SOMETIDA

No se puede estar seguro,
Late incierto nuestro pecho,
Porque, en cuestiones de hecho,
Ignoramos el futuro.

Lo que hoy resulta duro,
Sin pasar un largo trecho,
Esta noche es blando lecho
Y mañana es como un muro.

[Estribillo]
Se somete la razón
Al rigor de la pasión,
Al rigor de la pasión.

Como nada garantiza
Algo de uniformidad,
Lo de la causalidad
Es ficción que nos hechiza,

Aunque Hume también desliza
Que, en cuanto a la libertad,
Reina la fatalidad.
No se debe entrar en liza.

Se somete la razón
Al rigor de la pasión.

Toda acción con su motivo
Sale cruz o sale cara,
Cuenta triste y poco clara,
Esta vida es un tiovivo.

Toca del amor cautivo,
El que todo lo acapara,
Ser medido por su vara
Porque manda lo emotivo.

Se somete la razón
Al rigor de la pasión…

Sor Juana Inés de la Cruz nos regaló algunas redondillas muy notables, como las que comienzan así:

> Hombres necios que acusáis
> a la mujer sin razón
> sin ver que sois la ocasión
> de lo mismo que culpáis:
>
> si con ansia sin igual
> solicitáis su desdén
> ¿por qué queréis que obren bien
> si las incitáis al mal?

Y, si ella consideraba que las redondillas eran adecuadas para hablar de razón, pasiones, bienes y males, no tenemos por qué contradecirla. Nos sirven para hablar de David Hume (1711-1776).

Descartes estaba convencido de que, si razonamos bien, podemos llegar a obtener un conocimiento absolutamente seguro de todo. Mientras que Hume decía que eso es falso, que sólo en asuntos como los matemáticos y lógicos la razón nos permite hacer demostraciones y llegar a conclusiones indudables. En cambio, en la vida, apenas sabemos qué sucederá mañana: lo que funciona un día puede dejar de hacerlo al día siguiente.

Tendemos a confiar en que el futuro será similar al pasado, pero lo que nos ha parecido que originaba una reacción determinada quizá no lo haya hecho, quizá nos confundimos al relacionar una causa con su efecto. Si eso es así, ¿cómo sabemos cómo actuar? Todo lo que podemos hacer es confiar en que la experiencia anterior nos sirva y que los acontecimientos se repitan de un modo similar a como resultó en el pasado.

Esto podría llevarnos a pensar que somos libres, pero Hume no encuentra mucha diferencia entre lo que observamos en la naturaleza y lo que vemos en la conducta humana. Y, si las piedras no son libres, entonces los seres humanos tampoco lo somos: nuestra vida no es libertad, sino fatalidad.

Hume no sólo creía que la razón permite mucho menos de lo que decía Descartes, sino que, en realidad, siempre actuamos movidos por nuestras pasiones o deseos. Queremos algo y luego buscamos

argumentos que expliquen por qué lo deseamos, y consideramos bueno. Lo resume con una de las frases más bonitas de la historia de la
filosofía.

> No hablamos de un modo estricto y filosófico cuando exponemos
> el combate de la razón y la pasión. La razón es y sólo puede ser la
> esclava de las pasiones y no puede pretender otro oficio más que
> servirlas y obedecerlas. (*Tratado de la naturaleza humana*, II, III, 3)

¡«La razón es, y sólo puede ser, esclava de las pasiones»! Ahí queda.

TERCERILLAS KANTIANAS

Ya pasó la etapa lítica,
Acabó también la mítica,
Esta es la hora de la crítica.

Dice Kant en Königsberg:
Atreveos a saber
Y a cumplir con el deber.

Con razón, sin objetivo,
Implacable imperativo
Categórico asertivo.

Más acá del bien y el mal,
Es el hombre un fin final.
Viste su ética formal.

Ética muy elegante,
Por detrás y por delante,
Todo queda como un guante.

Mas debéis tener paciencia,
Para limitar la ciencia,
Por el bien de la conciencia.

Metafísico es estar
Siempre fuera de lugar,
Inseguro de acertar.

Criticando la razón
Hace cumbre en su ascensión:
Cima de la Ilustración.

Cuenta así Valle-Inclán (1866-1936) en «Vitrales» cantando a las vidrieras catedralicias:

¡Rosas inocentes,
Formas transparentes
Conceptos lucientes!

¡Sois en los vitrales
De las catedrales,
Soles musicales!

Versos cortos en estrofas de tres en tres y rimando entre sí, sencillo.

Immanuel Kant (1724-1804) tuvo muchas ideas brillantes. Una de ellas fue la de intentar encontrar un sentido a la historia de la humanidad más allá de lo que pudiera sugerir el cristianismo. Este es el motivo por el que empezamos las tercerillas hablando de etapas históricas para anunciar la filosofía de Kant, conocida como crítica.

Este filósofo alcanzó unos conocimientos fabulosos sin salir de la localidad prusiana de Königsberg y nos invitó a dos cosas: a saber (aseguraba que el lema de la Ilustración es *sapere aude,* atrévete a saber) y a cumplir siempre con nuestro deber, fueran cuales fueran las consecuencias.

Él reconocía que nuestros razonamientos en asuntos morales no son como en los científicos: no hacemos demostraciones y llegamos a conclusiones inevitables que nos digan siempre cuál es la forma correcta de actuar.

La ciencia es algo fabuloso, que nos permite obtener conocimientos demostrados y garantizados. Pero en cuestiones morales y metafísicas no podremos lograrlo jamás. Habremos de razonar lo mejor posible, pero sin garantías definitivas de acertar.

Sin embargo, eso no significa que no debamos razonar y procurar cumplir con nuestro deber; todo lo contrario. Lo que sucede es que ese razonamiento tiene que ser completamente autónomo, independiente de cualquier objetivo. De lo contrario, unos harán unas cosas porque pretenden conseguir algo, mientras otros considerarán que nuestra finalidad debería de ser otra. Podríamos decir que Kant, en contraposición con Nietzsche (1844-1900) como veremos, se sitúa más acá del bien y el mal.

Esto lo llevó a formular un imperativo categórico, ajeno a cualquier consideración y que habría de poder ser aplicado siempre por todos los seres humanos. ¿Cuál es esa normal universal que ha de regir nuestra conducta?

Todos los imperativos mandan *hipotética* o *categóricamente*. Los primeros representan la necesidad práctica de una acción posible como medio para conseguir alguna otra cosa que se quiere (o es posible que se quiera). El imperativo categórico sería el que representaría una acción como objetivamente necesaria por sí misma, sin referencia a ningún otro fin. (*Crítica de la razón práctica*, A 39-40)

El imperativo categórico es único y, sin duda, es éste: *obra sólo según aquella máxima por la cual puedas querer que al mismo tiempo se convierta en una ley universal* [...] el imperativo universal del deber podría rezar también así: *obra como si la máxima de tu acción pudiera convertirse en una ley universal de la naturaleza.* (*Fundamentación para una metafísica de las costumbres*, capítulo II)

Procede de modo que trates a la humanidad, tanto en tu persona como en la de los demás, siempre como un fin en sí mismo y nunca como un medio. (*Fundamentación metafísica de las costumbres*, capítulo II)

No se puede utilizar a las personas. ¿Por qué? Porque son personas, así de sencillo. Y tenemos que cumplir con nuestro deber, nos guste o no, siempre. ¿Por qué? Pues está claro: porque es nuestro deber.

Este punto de vista tan riguroso y tan independiente de cualquier opinión religiosa resultó ser un apoyo fundamental para los intentos posteriores de elaborar listas de derechos humanos universales, para todas las personas del mundo.

La razón, el corazón y Manolito Kant

-

Acuerdo moderno

Según Pascal,
matemático francés,
creyente y racionalista,
tiene el corazón
alguna buena razón
que ignora la razón.

En opinión de Hume,
filósofo escocés,
agnóstico y empirista,
es la razón,
y sólo puede ser,
esclava de la pasión.

Quiere Manolito Kant,
pensador alemán,
cima de la Ilustración,

que cumpla con mi deber,
más allá de todo querer.

Más mi deber es quererte.
No existe ninguna razón
para no hacer caso al corazón
y dedicarme a mi pasión.

Es imperativo categórico
dedicar la noche y el día
Al amor del alma mía.
Coincidir el querer y el deber
hacen de mi placer
un bienestar hiperbólico.

Puesta así de acuerdo
la moderna filosofía

es la solución del cuerdo   Y yo te quiero
dar al alma la armonía.   Vida mía.

Porque no se quiere   Pero hace falta alemán
a quien se quiere,   Para leer a Marx o a Kant.
sino a quien se quiere,

El *Con cierto aire filosófico* no fue el primer proyecto musical que compartí con Jimmy. La historia es un poco más larga y tampoco parece que deba contarla aquí, pero hubo un precedente fundamental. Jimmy empezó a escribir canciones a partir de lo que yo contaba del confinamiento de la pandemia del 2020. Y a él le gustaba introducir alguna alusión a diferentes filósofos. Esto me llevó a pensar en una canción de asunto filosófico y un tono diferente al de aquel disco, *Nadie se derrumba de rumba*. Esta canción anticipa las que aquí presentamos y su construcción es formalmente más sencilla.

Se apoya en dos de mis citas preferidas de la filosofía. Una es de Pascal (1623-1662) y dice que «el corazón tiene sus razones que la razón no comprende». La otra ya la he comentado: según Hume, «la razón es, y sólo puede ser, esclava de las pasiones». El primero fue un matemático que podríamos encuadrar en la corriente racionalista, mientras que el segundo pertenece a la escuela rival: el empirismo. Kant consiguió culminar el debate de la filosofía moderna entre unos y otros.

La alusión a Kant como Manolito es un homenaje a uno de mis profesores: D. Vicente Muñoz. Él acostumbraba a referirse a algunos filósofos en diminutivo y argumentaba que todos ellos son nuestros amigos y que, por tanto, podemos hacerlo tranquila y afectuosamente.

La canción nos pone en la dificultad de tener que elegir entre lo que queremos y lo que debemos. Y también anuncia una solución mediante su coincidencia: todo está bien si queremos lo que debemos y debemos lo que queremos.

Me he permitido un pequeño juego de palabras aprovechando la polisemia del verbo 'querer'. Uno no quiere a quien prefiere o a quien le da la gana amar, sino que se nos impone desde la pasión con firmeza, así pues, no queremos (amamos) a quien queremos (elegimos porque nos parece preferible), sino a quien queremos (porque nos lo impone nuestro deseo).

En fin, juegos entre amor, filosofía y una broma final para romper un clima que amenazaba con volverse empalagoso.

CUARTETAS DE LA ALIENACIÓN

Es la religión
Para el pueblo el opio.
Por la alienación
Hay quien hace acopio.

Es lo que tiene
La propiedad privada,
Que hay quien viene
Y no te deja nada.

Ellos nos emboban
Con la ideología
Todo nos lo roban
Con la plusvalía

Es lo que tiene
La propiedad privada,
Que alguien viene
Y no te deja nada.

Si en el trabajo
Me siento un animal,

Arriba y abajo,
Me engaña el capital.

Es lo que tiene
La propiedad privada,
Que alguien viene
Y no te deja nada.

No somos nosotros
Los más afectados;
Pues somos los otros,
Ahora alienados.

Es lo que tiene
La propiedad privada,
Que alguien viene
Y no te deja nada.

Ideología, trabajo y religión
Son fuente de alienación.

La cuarteta es sencilla y popular. Podemos encontrar alguna, por ejemplo, en la obra de Antonio Machado (1875-1939):

> Luz del alma, luz divina,
> Faro, antorcha, estrella, sol...
> Un hombre a tientas camina;
> Lleva a la espalda un farol.

Nuestra propuesta es muy breve: cuartetas de hexasílabos. Y bastan unas pocas para presentar una de las denuncias de Karl Marx (1818-1883): la alienación que padecemos por culpa de la sociedad capitalista, una sociedad que desarrolla mecanismos muy complejos para engañarnos, para hacernos creer que somos algo diferente de lo que somos y poder manipularnos.

El ejemplo más claro sería el de la religión. En opinión de Marx, mediante ella se hace al hombre renunciar a su vida material y concreta en este mundo, se invita a aguantarlo como peregrinación en un valle de lágrimas confiando en una recompensa en otra vida.

La clase dominante recurre a la religión para evitar rebeliones. Los mensajes del púlpito al pueblo, condenando toda revuelta, invitando a poner la otra mejilla y dejando cualquier solución a las injusticias de los ricos para una vida ultraterrena actúan de sedante. De ahí su denuncia de que «la religión es el opio del pueblo».

También las ideas se emplean para engañarnos y ocultar realidades injustas. Los científicos, pagados con el dinero de los poderosos, se limitarían a describir la situación, evitando opinar, y nos harían creer que se debe a unas leyes naturales y eternas del funcionamiento económico.

Por ejemplo, tendríamos que asumir que el paro y la miseria es una consecuencia inevitable de la ley de la oferta y la demanda: falta trabajo y sobran personas que aspiran a los puestos. Es terrible que tengamos que asumir sentencias así, que son de muerte cuando están diciendo que «sobran personas». Pero no nos pongamos tan dramáticos. Veamos cómo explica Marx la alienación ideológica.

> Las ideas de la clase dominante son las ideas dominantes de cada época; o, dicho en otros términos, la clase que ejerce el poder *material* dominante en la sociedad es, al mismo tiempo, su poder *espiritual* dominante. La clase que tiene a su disposición los medios para la producción material dispone con ello, al mismo tiempo, de los

medios para la producción espiritual, lo que hace que se le sometan [...] las ideas de quienes carecen de los medios necesarios para producir espiritualmente [...]. Por ejemplo, en una época y en un país en que se disputan el poder, la corona, la aristocracia y la burguesía, en que, por tanto, se halla dividida la dominación, se impone como idea dominante la doctrina de la división de poderes, proclamada ahora como «ley eterna». (*La ideología alemana, I, A.2 «Sobre la producción de la conciencia»*)

Pero, si para superar la alienación religiosa basta con dejar de creer; y la de la ideología se cambia pensando de otra manera; más peligrosa es la del trabajo. Tradicionalmente se ha definido al hombre como «animal racional». Y los griegos afirmaban que el trabajo era propio de animales (por ello mismo empleaban esclavos, que no eran considerados como auténticos seres humanos). Pero Marx opina lo contrario: lo que nos ha separado y distinguido de los animales es el trabajo. Gracias a él hemos sido capaces de elevarnos a un modo de vida superior y más autónomo, hemos producido con nuestras propias manos todo aquello que necesitamos para subsistir.

Se pueden distinguir los hombres de los animales, por la conciencia, por la religión, por todo lo que se quiera; pero ellos comenzaron a distinguirse de los animales cuando comenzaron a *producir* sus medios de subsistencia. (*La ideología alemana, I, A «La ideología en general y la ideología alemana en particular»*)

Precisamente por la importancia que atribuye Marx al trabajo para el ser humano, ésta es la forma de alienación más dañina. En su opinión, el hombre debería sentirse realizado gracias a lo que consigue con su esfuerzo. Sin embargo, al trabajar para otro, no se siente dueño del resultado y se ve como una mera pieza del engranaje.

¿En qué consiste, pues, la enajenación del trabajo? [...] resulta que el hombre (el trabajador) sólo se siente libre en sus funciones animales, en el comer, beber, engendrar, y todo lo más en aquello que toca a la habitación y al atavío, y en cambio en sus funciones humanas se siente como animal. Lo animal se convierte en lo humano y lo humano en lo animal. (*Manuscritos de economía y filosofía, I, XXIII*)

Lo característicamente humano, la posibilidad de elevarnos por encima del resto de las criaturas gracias a nuestro esfuerzo, resulta absolutamente desagradable, mientras que sólo deseamos y encontramos satisfacción en lo que tenemos en común con las bestias.

Además, el hombre que trabaja para otro se convierte en una mercancía, no hay diferencia entre el chófer y el caballo: «El capitalista paga, por ejemplo, el valor diario de la fuerza de trabajo. Su uso, como el de cualquier otra mercancía que haya alquilado por un día (un caballo, por ejemplo), le pertenece, pues, por todo el día» (*El Capital*, libro I, sección 3.ª, cap. V). Y el capitalista obtiene siempre un beneficio extra del trabajo de sus empleados, una plusvalía con la que se enriquece.

En fin, ahí quedan esas cuartetas para recordar los tres mecanismos de alienación que describe Marx.

El texto tiene una estrofa más de las que grabamos. Es un añadido posterior porque resultaba demasiado corta para las interpretaciones en directo. Toca imaginarlo o verlo si se da la ocasión.

El nacimiento del superhombre en el espíritu de la música

Moral de esclavos,
Flojos y vagos,
Tristes lacayos,
Vulgar rebaño.

Y yo soy el mismo
Que viste y calza
Que viste y danza
Que viste y canta

Ya no hay valores,
¡Fuera los pobres!
¡Vivan los nobles
Y el superhombre!

[Estribillo]

Sin bien ni mal,
Ya no hay moral,

Ni Kant ni Marx,
Todo da igual.

[Estribillo]

Ni cristianismo,
Ni socialismo,
Ni comunismo,
Queda el nihilismo.

[Estribillo]

Si dios ha muerto
Y el diablo ha vuelto,
Aunque, sin cuernos,
Todo son cuentos.

[Estribillo]

Transformaciones,   Y superhombres.
Rugen leones,
Niños llorones   [Estribillo]

Aquí el reto formal era que las cuartetas fueran todavía más breves (pentasílabos); y la intención, hacer algo festivo y musical, asociado al canto y la danza, como los de las tragedias griegas que Nietzsche investigó y creía que reunían todo lo positivo de los aspectos racional (apolíneo) y pasional (dionisíaco) del ser humano.

El título refleja el de la tesis doctoral de Nietzsche (*El nacimiento de la tragedia en el espíritu de la música*).

Nietzsche estudió la historia de la moral, su aparición y desarrollo, es decir, lo que él llamaba su genealogía. En ese estudio distinguió dos tipos de morales: la de los nobles y la de los esclavos (que incluye la religión cristiana y todas las tendencias políticas que favorecen al pueblo y los humildes, desde la democracia hasta el comunismo de Marx).

Concluyó que cualquiera de ellas es un invento humano, una creación convencional y que carece de sentido absoluto si Dios no existe. De ahí su fragmento más célebre:

> ¿No habéis oído hablar de aquel hombre loco, que con una linterna encendida, en la claridad del mediodía, iba corriendo por la plaza y gritaba: «buscó a Dios»? [...] «¿A dónde se ha ido?», exclamó, «voy a decíroslo. Lo hemos matado nosotros. Vosotros y yo. Todos somos sus asesinos, pero ¿cómo hemos hecho esto? ¿Cómo hemos podido vaciar el mar? ¿Quién nos ha dado una esponja capaz de borrar el horizonte? ¿Qué hemos hecho para desprender esta tierra del sol? ¿Hacia adónde se mueve ahora? ¿Hacia adónde nos movemos nosotros, apartándonos de todos los soles? ¿No nos precipitamos continuamente?, ¿Hacia atrás, adelante, a un lado y a todas partes? ¿Existe todavía para nosotros un arriba y un abajo?, ¿No vamos errantes como a través de una nada infinita?, ¿no nos absorbe el espacio vacío?, ¿no hace más frío? ¿No viene la noche para siempre, más y más noche? ¿No se han de encender linternas a mediodía? ¿No oímos todavía nada del rumor de los enterradores que han enterrado a Dios? ¿No olemos todavía nada de la corrupción divina? También los dioses se corrompen. ¡Dios ha muerto! ¡Dios está muerto!, y ¡nosotros lo hemos matado! ¿Cómo podemos consolarnos los asesinos de todos los asesinos? Lo más santo y lo más poderoso que el mundo poseía hasta ahora, se ha desangrado bajo nuestros cuchillos [...]. ¿No es

demasiado grande para nosotros la grandeza de este hecho? ¿No deberíamos convertirnos en dioses nosotros mismos, sólo para aparecer dignos de ello? No hubo nunca hecho más grande –y cuantos nazcan después de nosotros pertenecerán a una historia superior a toda la historia precedente, a causa de este hecho. [...] Este suceso enorme está todavía en camino y va avanzando, no ha penetrado aún en los oídos de los hombres. El relámpago y el trueno necesitan tiempo, la luz de las estrellas necesita tiempo, los hechos necesitan tiempo, aún después de haberse realizado, para ser vistos y oídos. Este hecho está para ellos más lejos que las estrellas más lejanas y, sin embargo, lo han hecho ellos. (*El gayo saber*, III, 125)

El texto es fascinante: suele resumirse diciendo que Dios ha muerto, pero no es sólo eso, sino que ha sido víctima de un asesinato y que nosotros somos los autores del mismo. Después nos encontramos, como Lady Macbeth, tratando de lavar la sangre invisible y permanente de nuestras manos. Estamos en medio de una nada que, sin embargo, es infinita, sin arriba ni abajo.

Es muy notable que las personas que escuchan al loco se ríen: ya son ateas. Es decir, el mensaje no es que Dios no existe, sino que la pérdida de la fe tiene consecuencias. Ahí es donde se aprecia que la gente todavía no ha caído en la cuenta, «no ha penetrado aún en los oídos de los hombres», todavía siguen sintiéndose llamados a cumplir con el deber, como invitaba Kant incluso sin recurrir a creencias religiosas.

¿Cuál es entonces nuestra situación? Pues el nihilismo, la ausencia de valores. Pero ese no puede ser un punto de llegada, sino de partida; no podemos quedarnos sin saber cómo actuar. De ahí que propusiera una metáfora de tres transformaciones. Actualmente seríamos como bestias de carga (camellos), abrumados por el peso de la culpa. Por eso proponía la posibilidad de transformarnos en leones, capaces de acabar con todo el rencor y resentimiento abrumador que supone ese sentimiento de culpabilidad y la humillación constante que se nos exige.

Pero eso tampoco es suficiente: una vez superado el peso de la culpa con el que nos abruma la moral, tenemos una nueva posibilidad: la de volver a transformarnos, convertirnos en niños capaces de crear nuestros propios valores y llegar a ser superhombres.

SON CIRCUNSTANCIAS

Cuando hay sequía,
La manga riega
Que aquí no llega.

Mas cuando llueve
El campo anega
Y no se siega.

No hay ganancia,
Son circunstancias,
Lo dice Ortega.

La abogacía,
¿Qué es lo que alega?
Justicia ciega.

¡Eso si es leve!
Cuando hay brega,
El fuerte pega

¡Cuánta arrogancia!
Son circunstancias
Lo dice Ortega.

¿Y qué diría
Como colega?
Lo mini y mega

Lo bueno y breve,
Lo que navega,
Alfa y omega…

No son sustancia,
Son circunstancias
Lo dice Ortega.

Noche y día
Nadie lo niega
Tragedia griega

Siempre conmueve: Son circunstancias,
La viuda ruega   Lo dice Ortega:
Y el niño juega.
                                      La manga riega
Cosas de infancia   *Que aquí no llega.*

Federico García Lorca (1898-1936) se inspiró en cancioncillas popu-
lares e infantiles y permitió recuperar alguna tan notable como «La
Tarara»:

La Tarara, sí;   la Tarara, niña,
la tarara, no;   que la he visto yo.
la Tarara, niña,
que la he visto yo.   Luce mi Tarara
                                      su cola de seda
Lleva la Tarara   sobre las retamas
un vestido verde   y la hierbabuena.
lleno de volantes
y de cascabeles.   Ay, Tarara loca.
                                      Mueve, la cintura
La Tarara, sí;   para los muchachos
la tarara, no;   de las aceitunas.

Yo he elegido recordar el pareado que dedicábamos los niños a cualquier persona que veíamos regando con una manguera: «La manga riega, que aquí no llega». A partir de esa provocación, la diversión consistía en esquivar el agua o dejarse empapar.

Puestos a jugar, el esquema métrico que he elegido es una invención
caprichosa que se repite cuatro veces, cada una de ellas para abordar
un asunto diferente: las dificultades materiales y económicas, los pro-
blemas políticos y sociales, lo filosófico y lo vital.

La tercera estrofa puede que requiera alguna explicación adicional.
Pretende apuntar a asuntos un poco más filosóficos, tocando la onto-
logía, la teoría acerca de la realidad. Para Ortega (1883-1955), todo lo
que no soy yo (mi pensamiento) son circunstancias, eso abarca tanto lo
pequeño como lo grande, descrito aquí con los prefijos griegos, dada la
afición del mismo filósofo madrileño a emplear términos de otras len-
guas. También incluye una referencia evidente al aforismo de Baltasar
Gracián («lo bueno, si breve, dos veces bueno»), otra de carácter más
personal con un homenaje a una enseñanza que recibí de D. Ricardo

Senabre indicando la frecuencia con la que Ortega recurría a metáforas marineras y otra que me parece más relevante: según Ortega, incluso Dios (representado y reconocido con frecuencia como el alfa y el omega, el principio y el fin) es una circunstancia de nuestras vidas, de ninguna manera una sustancia, como pretendía Descartes, sino más bien algo que nos afecta de un modo u otro, en función de cómo altera nuestras ideas y creencias nuestra conducta.

La última estrofa trata de la vida en general, puesto que para Ortega es el principio filosófico radical y fundamental, nuestro punto de partida inevitable: estamos vivos, nos encontramos en el mundo y, en él, vamos tomando decisiones, escribiendo nuestra vida, que no es biología, sino biografía.

> Yo no soy más que un ingrediente de mi vida: el otro es la circunstancia o mundo. Mi vida, pues, contiene ambos dentro de sí, pero ella es una realidad distinta de [ambos]. Yo *vivo*, y al vivir estoy en la circunstancia, la cual no soy yo. (*Unas lecciones de metafísica*, V)

Ánimo, valor y suerte para todos en ese juego que es la vida.

SONETILLOS DE ARENDT

Si todo el mal es banal
Y nadie llora a los muertos,
Con ojos secos, desiertos,
El mal será radical.

Bajo el dominio total,
Si no estamos bien despiertos,
Con nuestros ojos abiertos,
Habrá solución final.

El nacionalsocialismo
De la cruel banalidad
Y del totalitarismo

Ofende a la libertad,
La justicia, pluralismo,
La política y verdad.

En su condición humana
Es la indomable Hannah
Arendt judía alemana,
Apátrida americana.

Capaz de armar el belén
Hablando sobre el amor
De Agustín y del horror
De Eichmann en Jerusalén.

¿Por qué?, ¿por culpa de quién?
¿Quién causó tanto dolor?
¿Funcionarios sin rencor?
¿Gente corriente de bien?

¿Cómo soportar la carga
Del ser, del tiempo y la nada,
De una existencia sin alma?

Vida corta, culpa larga,
Todos, nadie, la manada,
Masas sin clases ni calma.

En su condición humana
Es la indomable Hannah
Arendt judía alemana,
Apátrida americana.

Es más fácil cantar versos breves que largos, de ahí la elección casi constante del arte menor. Por otro lado, parece que esta presentación con diferentes formas estróficas resultaría incompleta sin sonetos. Así que, entre lo uno y lo otro, he optado por unos sonetillos, al modo que ya hacía Tirso de Molina (1579-1648):

> Si sois cuerdo en esta empresa,
> mucho vuestra dicha gana.
> Los favores de mi hermana
> dan disgusto a la duquesa.
>
> Y pues veis lo que interesa
> vuestro amor, la pena vana
> olvidad de la tirana
> que vuestra alma tiene presa.
>
> Si os preciáis de agradecido,
> fama y triunfo desta gloria
> ganaréis contra el olvido.
>
> A vuestra alma haced memoria
> de que sois de mí querido
> mucho más que de Vitoria.

Aquí tenemos a Hannah Arendt (1906-1975), cuya actividad social e intelectual fue tan polémica como relevante, cuya independencia de opinión resulta admirable, interpelando a los lectores y obligando a reflexionar tanto para estar de acuerdo como en desacuerdo.

Como se sabe, Arendt nació en Alemania y tuvo una formación intelectual extraordinaria, siendo discípula de Martin Heidegger (1889-1976), Nicolai Hartmann (1882-1950), Edmund Husserl (1859-1938) y Karl Jaspers (1883-1969) entre otros. Breve alusión a esa formación y su conocimiento de la filosofía existencialista se encuentra en el verso «Del ser, del tiempo y la nada», mezclando los títulos de la obra fundamental de su maestro Heidegger (*Ser y tiempo*) y la respuesta de Sartre (que vivió entre los años 1905-1980, *El ser y la nada*).

Dado que era judía, tuvo que marchar de Alemania y terminó residiendo en Estados Unidos. Durante algunos años lo hizo como apátrida, puesto que su país de origen le retiró la nacionalidad.

Entre sus obras y a las que se hace referencia en los sonetillos se encuentran *El concepto del amor en San Agustín, Los orígenes del totalitarismo, La condición humana* y *Eichmann en Jerusalén*.

Seguramente el concepto que más ha quedado para la reflexión filosófica es el de la banalidad del mal, un intento de explicar qué fue lo que ocurrió durante el nazismo, cómo fue posible que una multitud enorme de ciudadanos normales participara en atrocidades como las de los campos de exterminio. Esto la obligó a pensar acerca de qué es tolerable y qué intolerable, quién es responsable y cuáles son los límites de lo que debemos hacer o no:

> El mal radical es lo que no habría debido suceder, es decir, aquello con lo que no podemos reconciliarnos, lo que bajo ninguna circunstancia puede aceptarse como misión; y es aquello ante lo cual no podemos pasar de largo en silencio. Es aquello cuya responsabilidad no podemos asumir, por la razón de que sus consecuencias son imprevisibles porque bajo tales consecuencias no hay ninguna pena que sea adecuada. (*Diario Filosófico*, vol. I, cuaderno I, junio de 1950; p. 7)

Su análisis es a la vez un intento de comprender los hechos y una llamada de atención para intentar encontrar alternativas que nos permitan escapar a su repetición, formas de evitar que vuelva a suceder, dando pistas incluso sobre el alcance y los límites de la democracia:

> La democracia sólo puede funcionar con un pueblo educado para la democracia. Y sólo en la democracia puede un pueblo educarse para la democracia. (*Diario Filosófico*, vol. I, cuaderno III, abril de 1951, p. 71)

Su independencia y rigor hicieron que sus consideraciones resultaran profundamente desagradables no sólo para los alemanes que la rechazaron, sino también para muchos judíos, para el sionismo más radical.

En el siguiente enlace puede encontrarse cómo se puede utilizar este material para llevar a cabo una evaluación conforme al modelo criterial y competencial propuesto por la LOMLOE.

BIBLIOGRAFÍA

AGUSTÍN DE HIPONA: *La Ciudad de Dios* (413-426): Clemente Fernández: *Los filó-sofos medievales. Selección de textos*, vol. I, Madrid, BAC, 1996.

ARENDT, Hannah: *Diario Filosófico 1950-1973*, vol. I, Barcelona, Herder, 2006, trad. Raúl Gabás.

FRENK ALATORRE, Margit: *Lírica española de tipo popular*, Madrid, Cátedra, 3.ª ed. 1982.

ARISTÓTELES: *Ética nicomáquea*, Madrid, Gredos, 1985, trad. Emilio Lledó.

ARISTÓTELES: *Metafísica*, Madrid, Gredos 2.ª ed. 1982, trad. Valentín García Yebra.

AUBENQUE, Pierre: «Aristóteles y el Liceo», *Historia de la Filosofía*, vol. 2, ed. Siglo XXI, trad. Santos Juliá y Miguel Bilbatúa.

GALILEI, Galileo: «Apuntes previos al proceso de 1616», *Carta a Cristina de Lo-rena y otros textos sobre ciencia y religión*, Madrid, Alianza, 1987, trad. Moisés González.

HOBBES, Thomas: *Leviatán*, Madrid, Editora Nacional, 1983, trad. Antonio Escohotado.

HUME, David: *Tratado sobre la naturaleza humana*, Libros en la red, 2001, trad. Vicente Viqueira.

KANT, Immanuel: *Crítica de la razón pura*, Madrid, Alfaguara, 1997, trad. Pedro Ribas.

KANT, Immanuel: *Fundamentación de la metafísica de las costumbres*. Madrid, Alianza, 2002, trad. Roberto R. Aramayo.

KIRK, G. S. y RAVEN, J. E.: *Los filósofos presocráticos. Historia crítica con selección de textos*, Madrid, Gredos, 1970, trad. Jesús García Fernández (los fragmentos que se citan se encuentran conforme a la numeración de esa edición).

LEIBNIZ, G. W.: *Escritos filosóficos*, Buenos Aires, Charcas, 1982, trads. Roberto Torreti, Tomás E. Zwanck y Ezequiel de Olaso.

MARX, Karl: *La ideología alemana*, Barcelona, Grijalbo, 1979, trad.W. Roces.

MARX, Karl: *Manuscritos: economía y filosofía*, Madrid, Alianza, 1997, 16.ª reimpresión, trad. Fco. Rubio Llorente.

NIETZSCHE, W. F.: *El gayo saber*, Madrid, Narcea, 1973, trad. L. Jiménez Moreno.

ORTEGA Y GASSET, José: *Unas lecciones de metafísica*, O. C., vol. 12, Alianza, 1983.

ROUSSEAU, Jean-Jacques: «Carta al arzobispo Beaumont», en *Escritos polémicos*, Madrid, Tecnos, 1994, trad. Quintín Calle Carabias.

ROUSSEAU, Jean-Jacques: «Discurso sobre las ciencias y las artes», en *Del Contrato social. Discursos*. Prólogo, traducción y notas de Mauro Armiño. Alianza Editorial, Madrid, 2005.

ROUSSEAU, Jean-Jacques: *Emilio, o de la educación*, Madrid, Edaf, 1985, trad. Luis Aguirre Prado.

TOMÁS DE AQUINO: *Suma Teológica*, Edición bilingüe en latín y castellano. Madrid, BAC, 1988ss, trad. comisión de dominicos presidida por Francisco Barbado Viejo.